Lisa Schregle

Als wir beschlossen, ans Meer zu fahren…

Ein literarischer Kurztrip

„Die Schönheit und das Mysterium des Ozeans erfüllt unser Leben mit Wundern, die unsere Vorstellungskraft übersteigen."

(M. L. Borges)

Lisa Schregle

Als wir beschlossen, ans Meer zu fahren

Ein literarischer Kurztrip

Lyrik

Impressum

Bibliografische Information der Deutschen Nationalbibliothek:
Die Deutsche Nationalbibliothek verzeichnet diese Publikation in der Deutschen Nationalbibliografie;
detaillierte bibliografische Daten sind im Internet über http://dnb.dnb.de abrufbar.

© 2022 Lisa Schregle (Text und Fotos)

Herstellung und Verlag: BoD – Books on Demand, Norderstedt

ISBN: 9783756841974

Als wir beschlossen, ans Meer zu fahren..

…war der Himmel noch blau &
die weißen Wattewölkchen dienten
höchstens der Dekoration..

Marktplatz Husum

..war das Wasser noch ruhig und die leichten
Wellen wogten gemächlich im Wind..

Nordstrand

..war die Luft noch mild und der Geruch

erinnerte uns an vergangene Sommer..

WunderBar, Dockkoog, Husum

..waren die Tage noch lang und von lebendigen Momenten erfüllt..

Mitten auf der Nordsee

..war die Sonne noch warm und bräunte die blassen Gesichter..

Sonnenzeit während der Schifffahrt von Hörnum (Sylt) nach Nordstrand

..waren die Weiden noch grün und der
Hunger der Schafe gestillt..

Friesenschafe

..schimmerten die Muscheln noch perlmuttartig..

Jede Muschel hat ihre eigene Geschichte

..tanzten die Wellen im Takt der Gezeiten..

Überall Wasser

..schien der Herbst noch ganz weit weg..

Am Strand von Westerland (Sylt)

..verstanden wir, was Weite bedeutet..

Schafe auf dem Weg, Dockkoog, Husum

..lauschten wir den Geschichten vom Fliegen..

Möwen im Gespräch, Westerland (Sylt)

..ließen wir Stille laut werden..

Hafen, Husum

..erschien das Leben plötzlich viel leichter..

Dünen in Westerland (Sylt)

..kehrte Ruhe in die gestressten Seelen ein..

Strandkorb-Aufpasser in Westerland (Sylt)

..blieb die Zeit ein bisschen stehen..

Innenstadt, Husum

..fühlte es sich wie ein neuer Anfang an.

Mit einem Rucksack voller Träume in Westerland (Sylt)

Lisa Schregle, geb. 1993, lebt und arbeitet in Passau.
In Ihrer Freizeit trifft man sie öfter auf Poetry Slams, in den Bergen oder am Meer.

———————————————————————————-

Bei Fragen oder weiteren Anliegen erreichen Sie mich gerne unter lisa.schregle@web.de